Impressum
Verlag: BABADADA GmbH, Nedderfeld 112 , 22529 Hamburg
Geschäftsführer / Verlagsleitung: Harald Hof
Druck: Books on Demand GmbH, In de Tarpen 42, 22848 Norderstedt

Imprint
Publisher: BABADADA GmbH, Nedderfeld 112 , 22529 Hamburg, Germany
Managing Director / Publishing direction: Harald Hof
Print: Books on Demand GmbH, In de Tarpen 42, 22848 Norderstedt, Germany

школа
skola

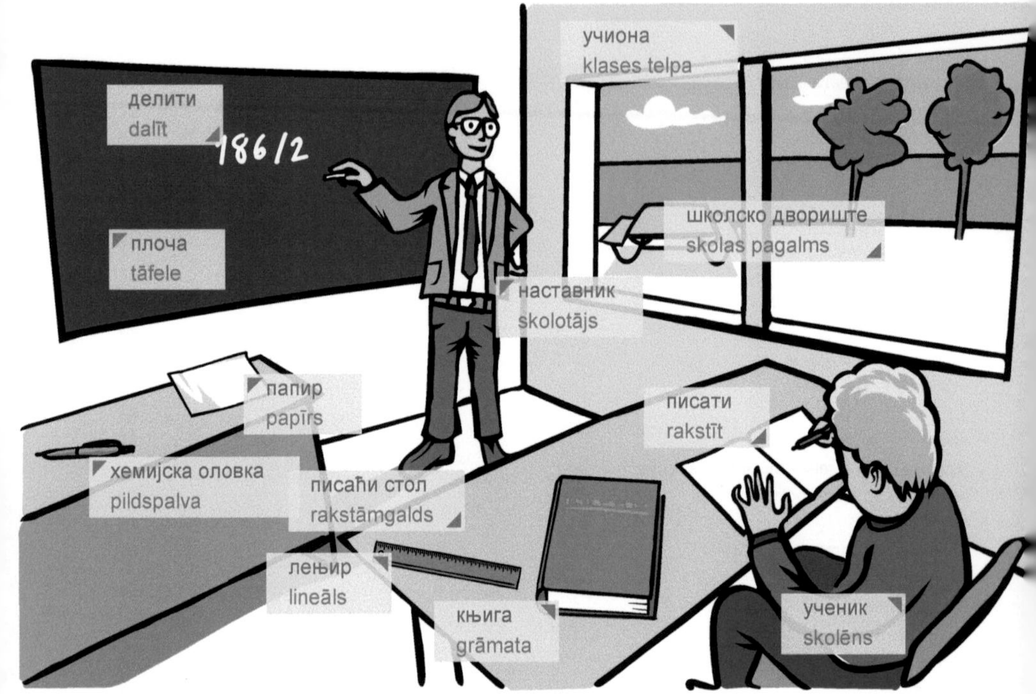
учиона
klases telpa
делити
dalīt
186/2
школско двориште
skolas pagalms
плоча
tāfele
наставник
skolotājs
папир
papīrs
писати
rakstīt
хемијска оловка
pildspalva
писаћи стол
rakstāmgalds
лењир
lineāls
књига
grāmata
ученик
skolēns

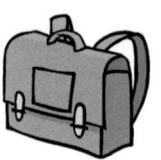

торба

skolas soma

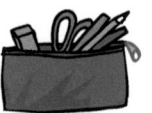

перница

penālis

графитна оловка

zīmulis

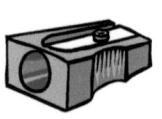

шиљило за оловке

zīmuļu asināmais

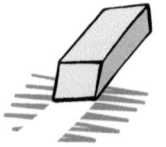

гумица за брисање

dzēšgumija

блок за цртање

zīmēšanas bloks

цртеж

zīmējums

кист

ota

кутија са бојама

krāsas

маказе

šķēres

лепило

līme

бележница

darba burtnīca

домаћи задатак

mājas darbs

12

број

skaitlis

2+2

сабирати

saskaitīt

5-2

одузимати

atņemt

2×2

множити

reizināt

рачунати

rēķināt

A

слово

burts

ABCDEFG
HIJKLMN
OPQRSTU
VWXYZ

абецеда

alfabēts

реч

vārds

текст
teksts

читати
lasīt

креда
krīts

час
mācību stunda

дневник
žurnāls

испит
eksāmens

сведочанство
liecība

школска униформа
skolas forma

образовање
izglītība

лексикон
enciklopēdija

универзитет
universitāte

микроскоп
mikroskops

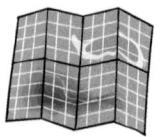

карта
karte

кошара за папир
papīrgrozs

путовање
ceļojums

хотел
viesnīca
Grand
пренoћиште
hostelis
ROOMS
мењачница
valūtas maiņas punkts
EXCHANGE
кофер
čemodāns
ауто
automašīna

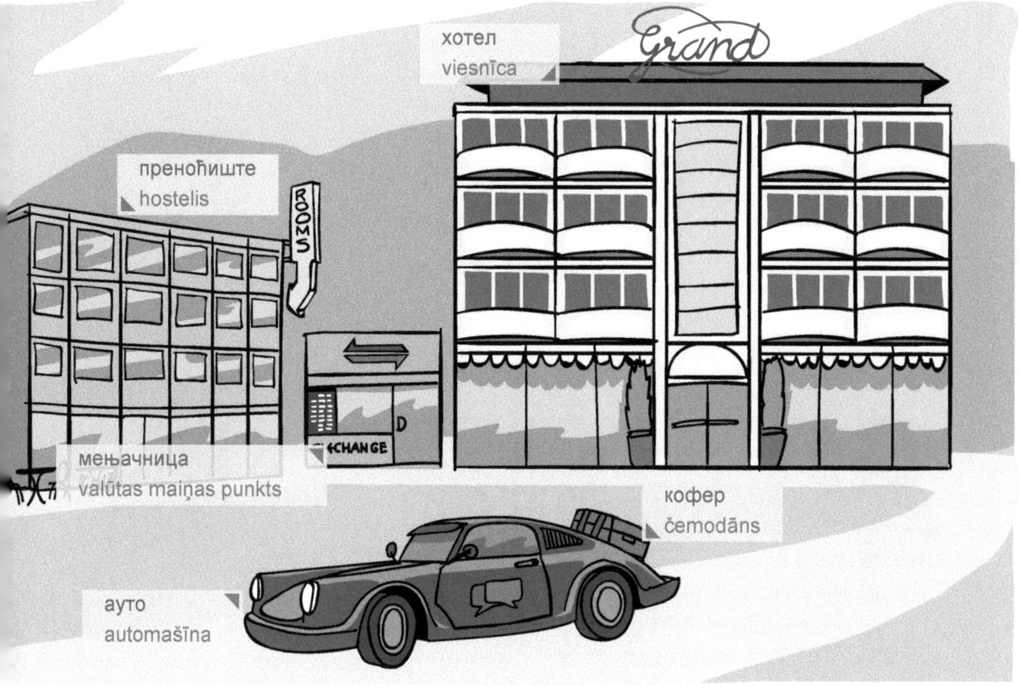

језик

Valoda

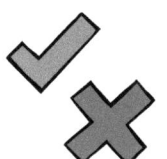

да / не

jā / nē

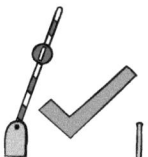

океј

Okay

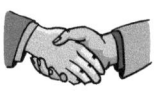

здраво

Sveiki!

преводилац

tulks

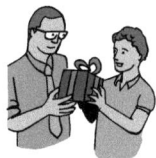

хвала

paldies

Колико кошта...?

Cik maksā...?

не разумем

Es nesaprotu

проблем

problēma

добро вече!

Labvakar!

Добро јутро!

Labrīt!

Лаку ноћ!

Ar labu nakti!

довиђења

Uz redzēšanos

смер

virziens

пртљага

bagāža

торба

soma

руксак

mugursoma

гост

viesis

соба

istaba

вређа за спавање

guļammaiss

шатор

telts

туристичке информације

tūrisma informācija

плажа

pludmale

кредитна картица

kredītkarte

доручак

brokastis

ручак

pusdienas

вечера

vakariņas

карта за вожњу

biļete

лифт

lifts

поштанска маркица

pastmarka

граница

robeža

царина

muita

амбасада

vēstniecība

виза

vīza

пасош

pase

транспорт
transports

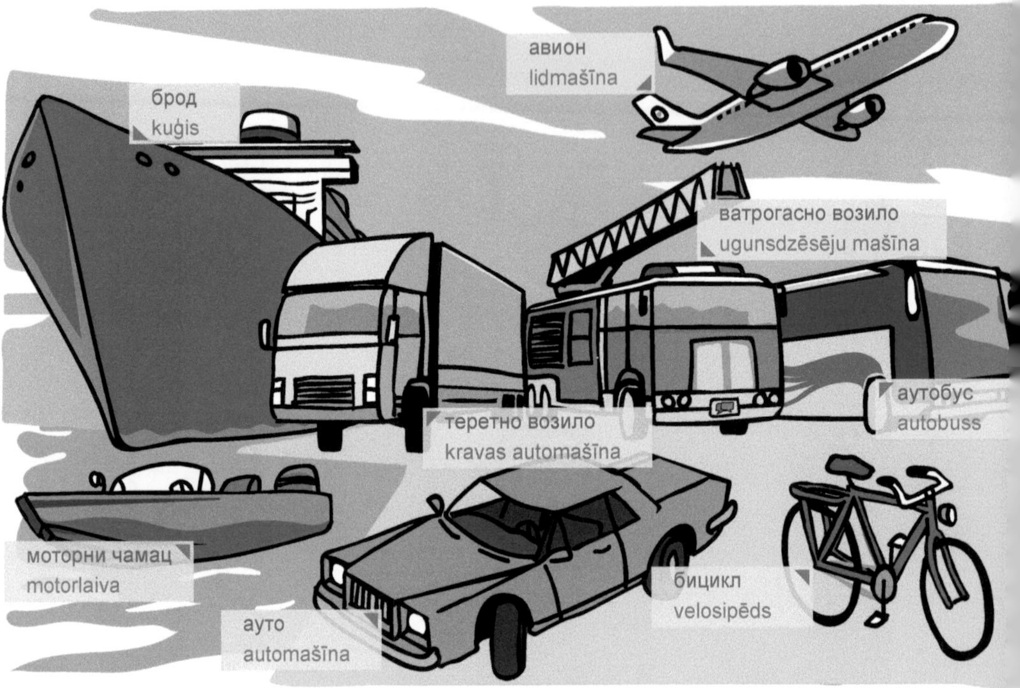
авион
lidmašīna
брод
kuģis
ватрогасно возило
ugunsdzēšēju mašīna
аутобус
autobuss
теретно возило
kravas automašīna
моторни чамац
motorlaiva
бицикл
velosipēds
ауто
automašīna

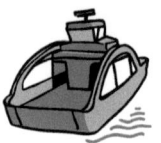

трајект

prāmis

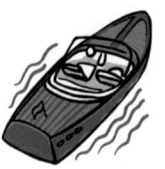

чамац

laiva

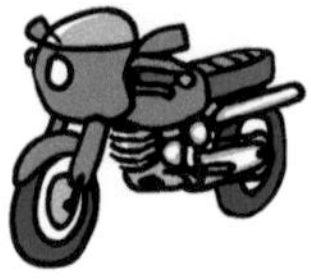

мотоцикл

motocikls

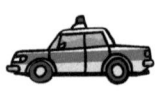

полицијски ауто

policijas automašīna

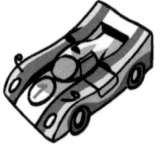

тркаћи ауто

sacīkšu automobilis

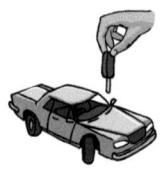

изнајмљено ауто

nomas auto

делење аутомобила

auto koplietošana

вучно возило

evakuators

возило за одвоз смећа

atkritumu mašīna

мотор

dzinējs

бензин

benzīns

бензинска станица

degvielas uzpildes stacija

саобраћајни знак

ceļa zīme

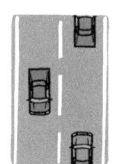

саобраћај

satiksme

застој

sastrēgums

паркиралиште

stāvvieta

железничка станица

dzelzceļa stacija

шине

sliedes

воз

vilciens

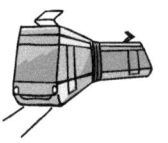

трамвај

tramvajs

вагон

vagons

хеликоптер

helikopters

аеродром

lidosta

кула

tornis

путник

pasažieris

контејнер

konteiners

картон

kaste

колица

ratiņi

корпа

grozs

узлетети / слетети

pacelties / nosēsties

град

pilsēta

село

ciems

центар града

pilsētas centrs

кућа

māja

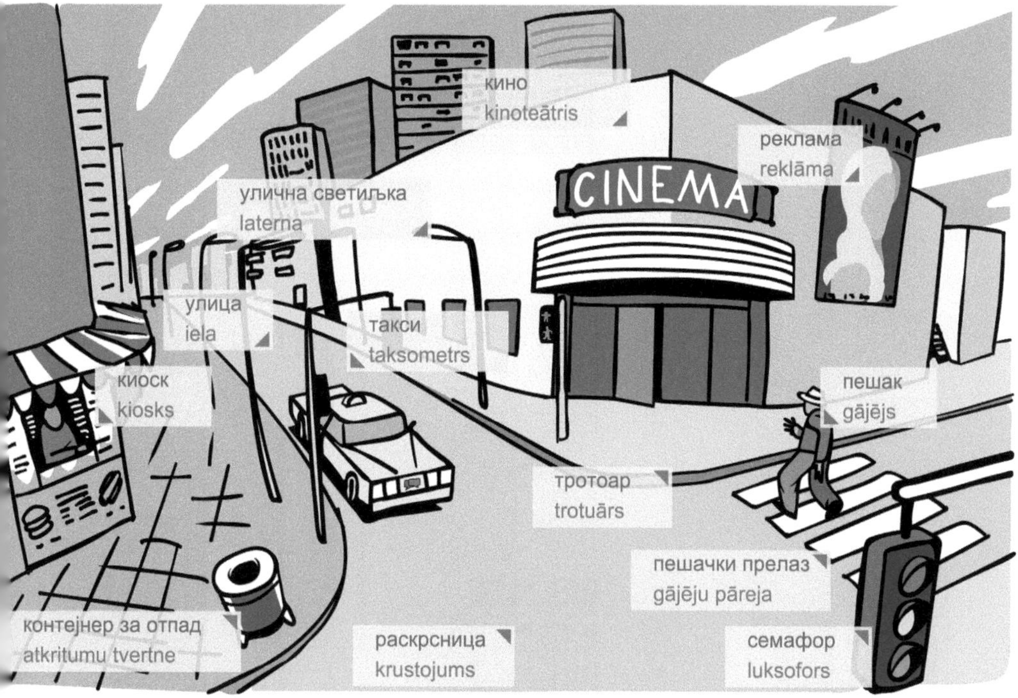

кино
kinoteātris

реклама
reklāma

улична светиљка
laterna

CINEMA

улица
iela

такси
taksometrs

пешак
gājējs

киоск
kiosks

тротоар
trotuārs

пешачки прелаз
gājēju pāreja

контејнер за отпад
atkritumu tvertne

раскрсница
krustojums

семафор
luksofors

колиба
būda

стан
dzīvoklis

железничка станица
dzelzceļa stacija

већница
rātsnams

музеј
muzejs

школа
skola

универзитет

universitāte

банка

banka

болница

slimnīca

хотел

viesnīca

апотека

aptieka

канцеларија

birojs

књижара

grāmatnīca

продавница

veikals

цвећара

ziedu veikals

супермаркет

lielveikals

трг

tirgus

робна кућа

tirdzniecības centrs

рибарница

zivju tirgotājs

трговачки центар

tirdzniecības centrs

лука

osta

парк
parks

клупа
sols

мост
tilts

степенице
kāpnes

подземна железница
metro

тунел
tunelis

аутобуска станица
autobusa pieturvieta

бар
bārs

ресторан
restorāns

поштанско сандуче
pastkastīte

улични знак
ielas nosaukuma plāksne

паркирни аутомат
stāvlaika skaitītājs

зоолошки врт
zooloģiskais dārzs

базен
peldbaseins

џамија
mošeja

сеоско газдинство

zemnieku saimniecība

загађење околине

vides piesārņojums

гробље

kapsēta

црква

baznīca

игралиште

spēļu laukums

храм

templis

пејсаж

ainava

лист
lapa

путоказ
ceļrādis

пут
ceļš

ливада
pļava

камен
akmens

дрво
koks

шетач
ceļotājs

река
upe

трава
zāle

цвет
puķe

долина

ieleja

планина

kalns

језеро

ezers

шума

mežs

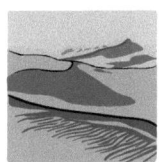

пустиња

tuksnesis

вулкан

vulkāns

дворац

pils

дуга

varavīksne

гљива

sēne

палма

palma

москито

moskīts

мува

muša

мрав

skudra

пчела

bite

паук

zirneklis

буба
vabole

жаба
varde

веверица
vāvere

јеж
ezis

зец
zaķis

сова
pūce

птица
putns

лабуд
gulbis

дивља свиња
meža cūka

јелен
briedis

лос
alnis

насип
aizsprosts

ветрењача
vēja ģenerators

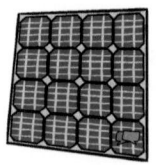

соларна плоча
saules baterija

клима
klimats

ресторан
restorāns

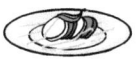

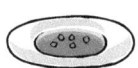

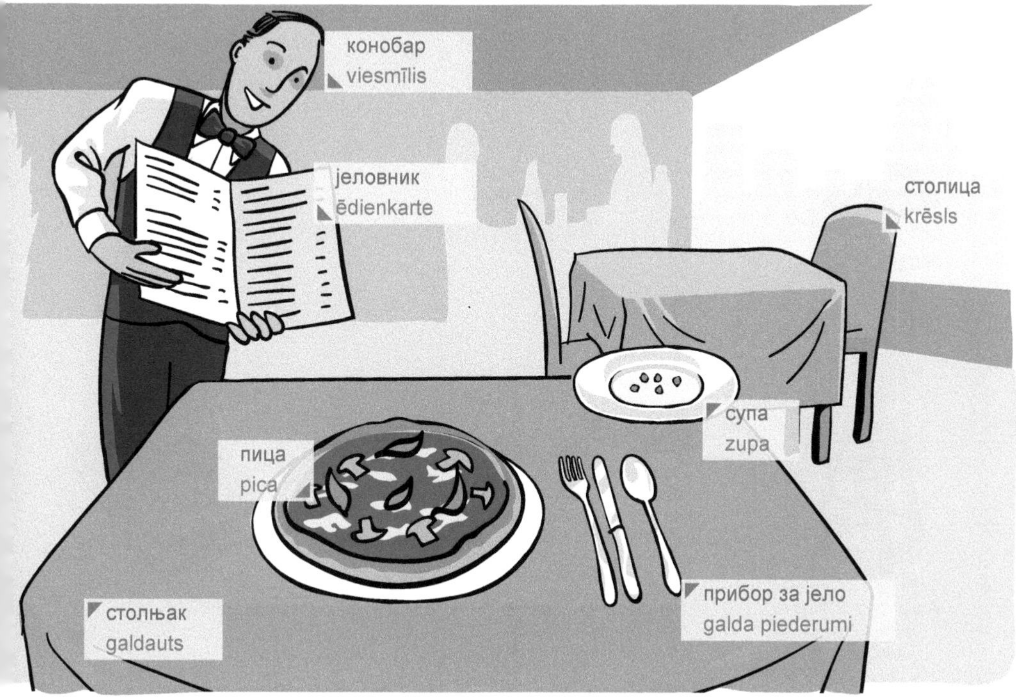
конобар
viesmīlis
јеловник
ēdienkarte
столица
krēsls
супа
zupa
пица
pica
столњак
galdauts
прибор за јело
galda piederumi

предјело
uzkoda

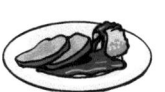

главно јело
pamatēdiens

десерт
deserts

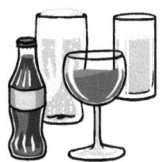

напитци
dzērieni

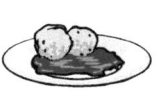

јело
ēdiens

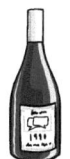

флаша
pudele

брза храна

ātrās uzkodas

имбис храна

ielu uzkodas

чајник

tējkanna

доза за шећер

cukurtrauks

порција

porcija

апарат за еспресо

espresso kafijas automāts

висока столица

bāra krēsls

рачун

rēķins

послужавник

paplāte

нож

nazis

виљушка

dakša

кашика

karote

чајна кашика

tējkarote

салвета

salvete

чаша

glāze

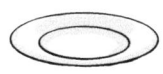

тањир
škīvis

тањир за супу
zupas šķīvis

тањирић
apakštase

сос
mērce

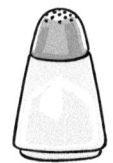

сољенка
sāls trauciņš

млин за бибер
piparu dzirnaviņas

сирће
etiķis

уље
eļļa

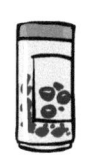

зачини
garšvielas

кечап
kečups

сенф
sinepes

мајонеза
majonēze

супермаркет
lielveikals

понуда
piedāvājums
FOR
купац
klients
млечни производи
piena produkti
воће
augļi
колица за куповину
iepirkumu ratiņi

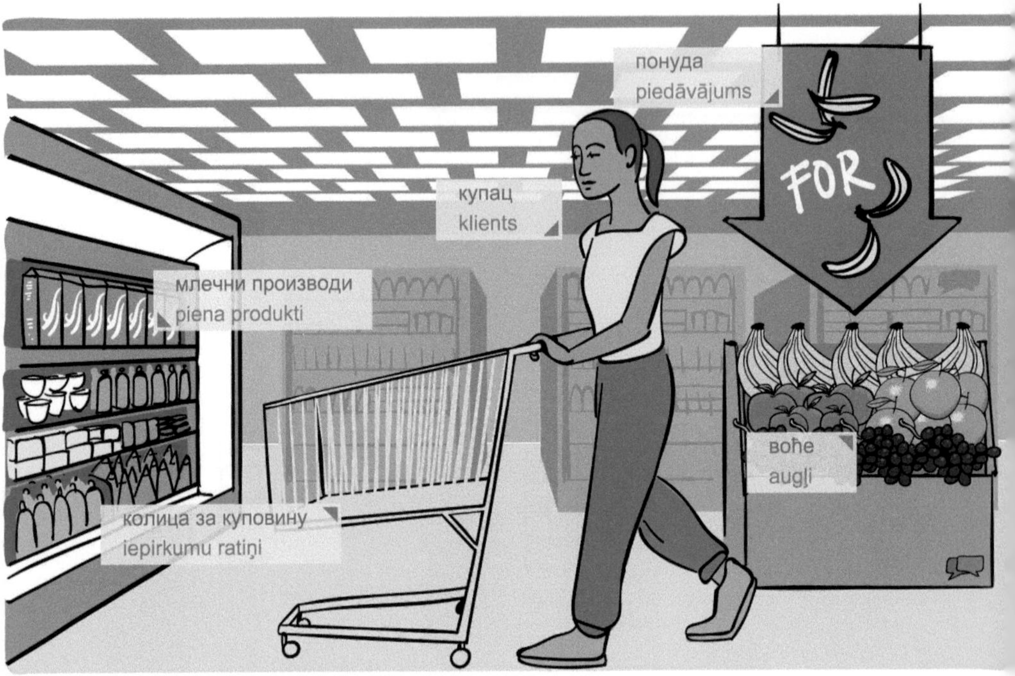

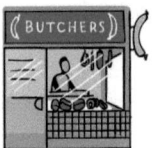

BUTCHERS

месница
kautuve

BAKERY

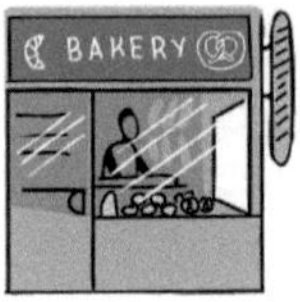

пекара
maizes veikals

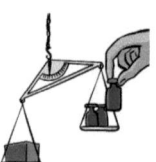

вагати
svērt

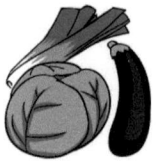

поврће
dārzeņi

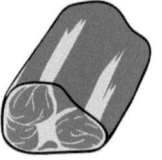

месо
gaļa

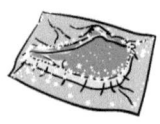

смрзнута храна
saldēti produkti

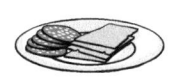

нарезак
aukstās gaļas uzkodas

конзерве
konservi

средство за прање
pulveris

слаткиши
saldumi

артикли за домаћинство
mājsaimniecības preces

средства за чишћење
tīrīšanas līdzeklis

продавачица
pārdevēja

благајна
kase

благајник
kasieris

листа за куповину
iepirkumu saraksts

време рада
darba laiks

новчаник
maks

кредитна картица
kredītkarte

торба
soma

пластична кеса
maisiņš

вода

ūdens

сок

sula

млеко

piens

кола

kola

вино

vīns

пиво

alus

алкохол

alkohols

какао

kakao

чај

tēja

кава

kafija

еспресо

espresso

капућино

kapučīno

банана

banāns

jабука

ābols

наранџа

apelsīns

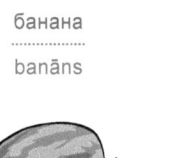

лубеница

melone

лимун

citrons

шаргарепа

burkāns

бели лук

ķiploks

бамбус

bambuss

лук

sīpols

гљива

sēne

орашасти плодови

rieksti

резанци

makaroni

шпагете

spageti

рижа

rīsi

салата

salāti

помфрит

frī kartupeļi

печени крумпир

cepti kartupeļi

пица

pica

хамбургер

hamburgers

сендвич

sviestmaize

шницла

šnicele

шунка

šķiņķis

салама

salami

кобасица

desa

кокош

vista

печење

cepetis

риба

zivs

зобене пахуљице

auzu pārslas

мусли

muslis

кукурузне пахуљице

brokastu pārslas

брашно

milti

кроасан

radziņš

пециво

brokastu maizītes

хлеб

maize

тоаст

tostermaize

кекси

cepumi

маслац

sviests

свежи сир

biezpiens

колач

kūka

jaje

ola

jaje на око

cepta ola

сир

siers

jело - ēdiens

сладолед

saldējums

шећер

cukurs

мед

medus

мармелада

marmelāde

нугат крема

riekstu krēms

кари

karijs

jeлo - ēdiens

сеоско газдинство

zemnieku saimniecība

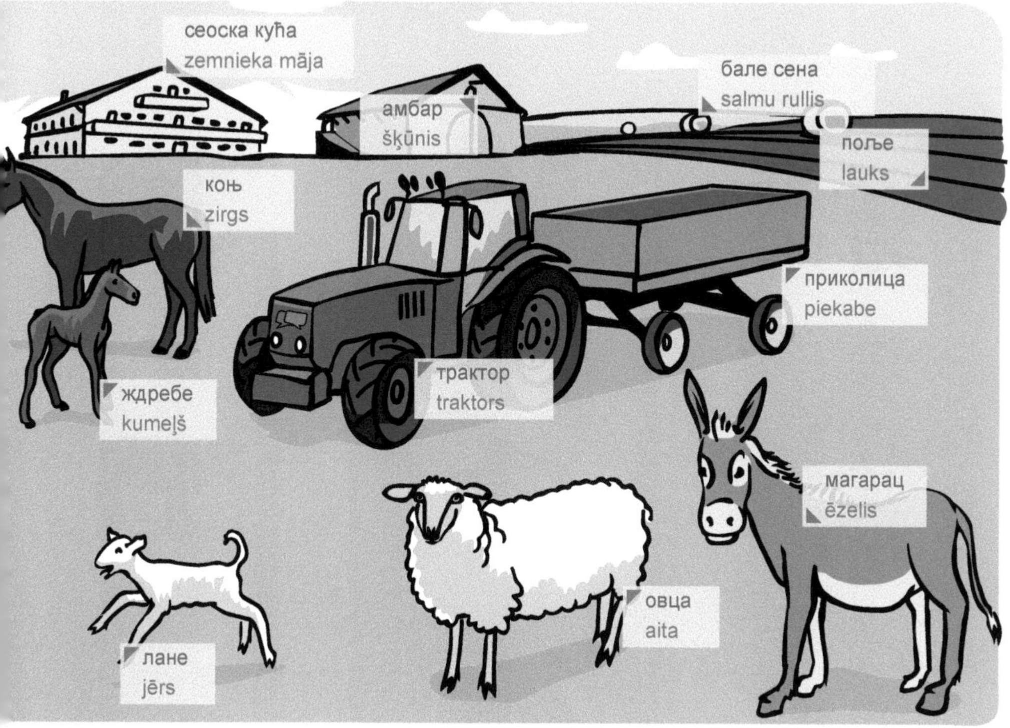
сеоска кућа
zemnieka māja
амбар
šķūnis
бале сена
salmu rullis
поље
lauks
коњ
zirgs
приколица
piekabe
трактор
traktors
ждребе
kumeļš
магарац
ēzelis
овца
aita
лане
jērs

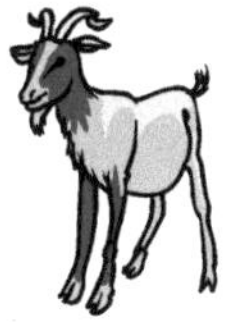

коза

kaza

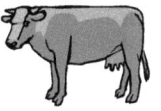

крава

govs

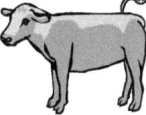

теле

teļš

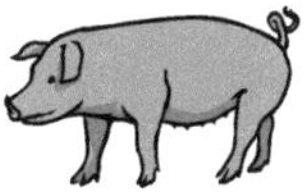

свиња

cūka

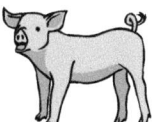

прасе

sivēns

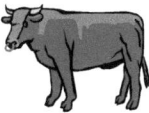

бик

bullis

гуска

zoss

патка

pīle

пилићи

cālis

кокош

vista

петао

gailis

пацов

žurka

мачка

kaķis

миш

pele

вол

vērsis

пас

suns

кућица за пса

suņa būda

вртно црево

dārza šļūtene

канта за поливање

lejkanna

коса

izkapts

плуг

arkls

срп

sirpis

мотика

kaplis

виљушка за ђубриво

mēslu dakša

секира

cirvis

тачке

ķerra

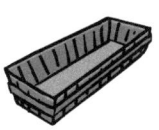

корито

sile

посуда за млеко

piena kanna

врећа

maiss

ограда

žogs

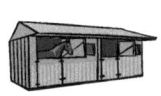

штала

kūts

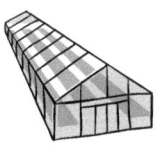

стакленик

siltumnīca

земља

augsne

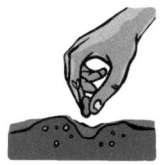

семе

sēklas

ђубриво

mēslojums

комбајн

kombains

жети
novākt ražu

жетва
raža

јамс зачин
jamss

пшеница
kvieši

соја
soja

крумпир
kartupelis

кукуруз
kukurūza

уљана репица
rapsis

воћка
augļu koks

гомољ маниоке
manioka

житарице
labība

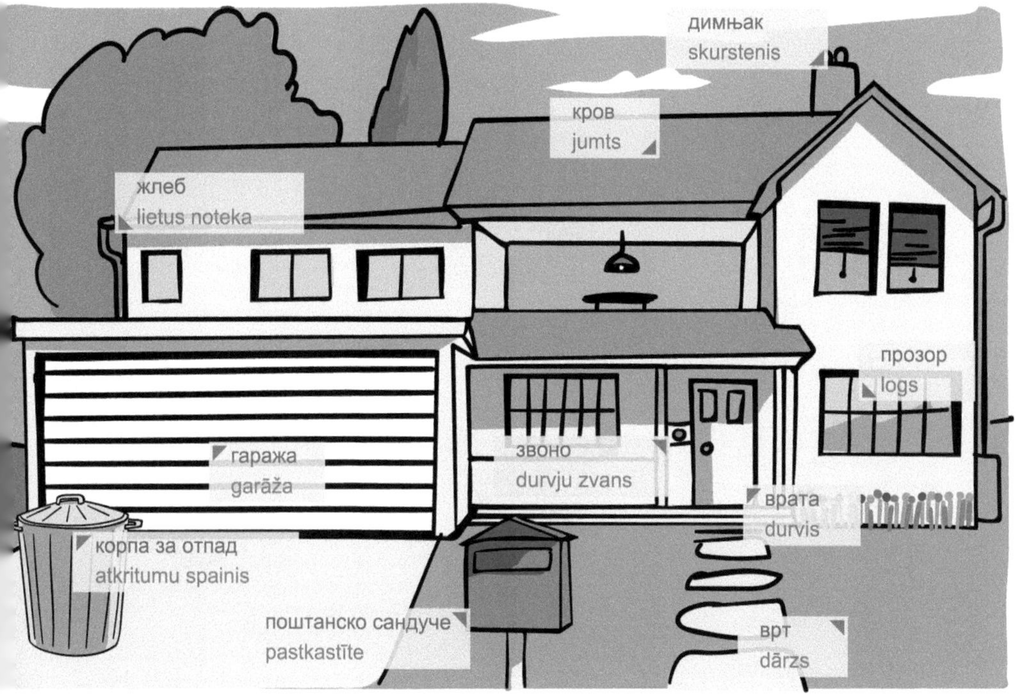

димњак
skurstenis

кров
jumts

жлеб
lietus noteka

прозор
logs

гаража
garāža

звоно
durvju zvans

врата
durvis

корпа за отпад
atkritumu spainis

поштанско сандуче
pastkastīte

врт
dārzs

дневна соба

viesistaba

купаоница

vannas istaba

кухиња

virtuve

спаваћа соба

guļamistaba

дечија соба

bērnu istaba

трпезарија

ēdamistaba

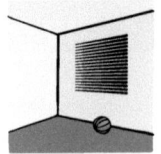

под

grīda

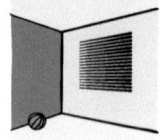

зид

siena

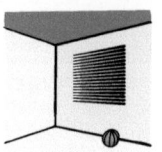

строп

griesti

подрум

pagrabs

сауна

sauna

балкон

balkons

тераса

terase

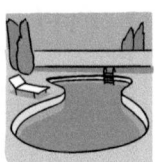

базен

baseins

косилица за траву

zāles pļāvējs

постељина за кревет

gultas veļa

дека за кревет

sega

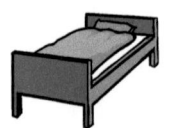

кревет

gulta

метла

slota

канта

spainis

прекидач

slēdzis

дневна соба
viesistaba

тапета
tapetes
слика
attēls
светиљка
lampa
регал
plaukts
ормар
skapis
телевизија
televizors
камин
kamīns
цвет
puķe
јастук
spilvens
кауч
dīvāns
ваза
vāze
даљински управљач
tālvadības pults

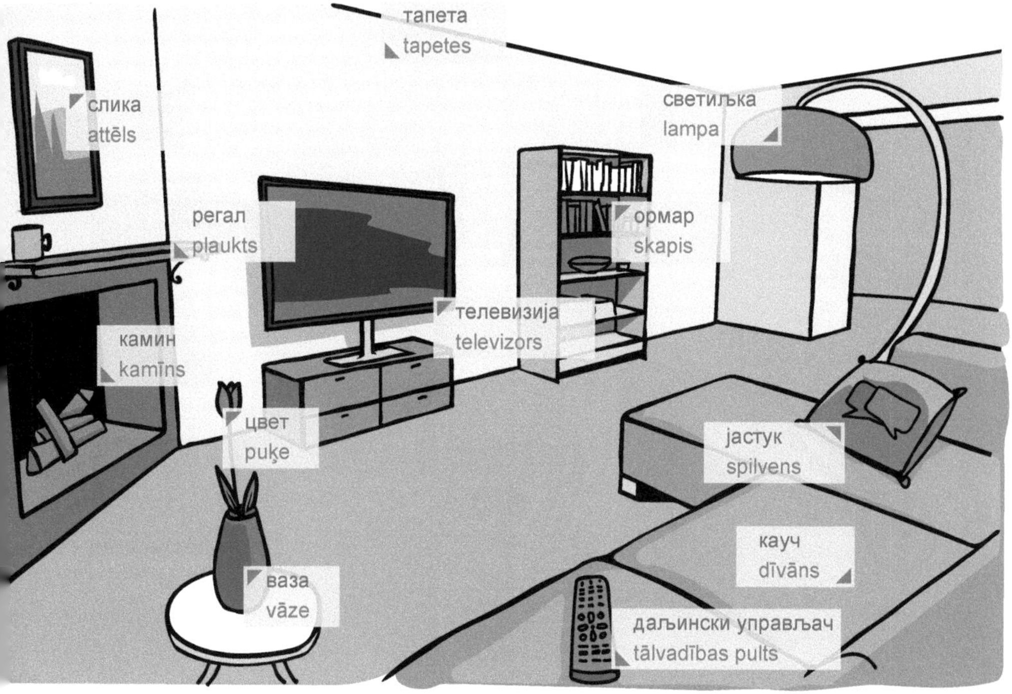

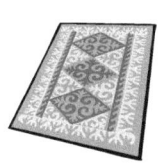

тепих

paklājs

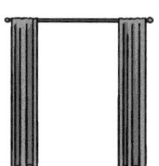

завеса

aizkars

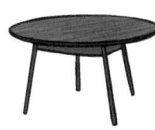

сто

galds

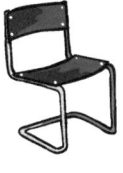

столица

krēsls

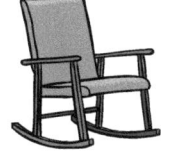

столица за љихање

šūpuļkrēsls

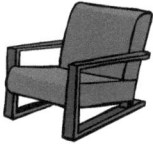

фотеља

atpūtas krēsls

књига

grāmata

дека

sega

декорација

dekorācija

дрво за огрев

malka

филм

filma

хи-фи уређај

mūzikas centrs

кључ

atslēga

новине

avīze

слика на платну

glezna

постер

plakāts

радио

radio

блок за писање

pierakstu blociņš

усисивач

putekļu sūcējs

кактус

kaktuss

свећа

svece

кухиња
virtuve

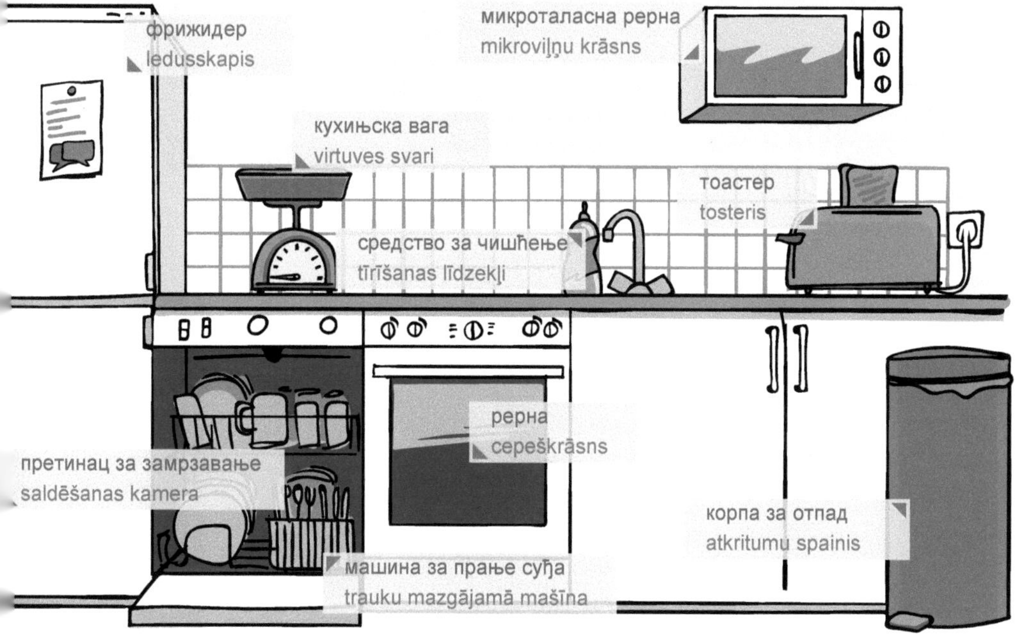
фрижидер
ledusskapis
микроталасна рерна
mikroviļņu krāsns
кухињска вага
virtuves svari
тоастер
tosteris
средство за чишћење
tīrīšanas līdzekļi
рерна
cepeškrāsns
претинац за замрзавање
saldēšanas kamera
корпа за отпад
atkritumu spainis
машина за прање суђа
trauku mazgājamā mašīna

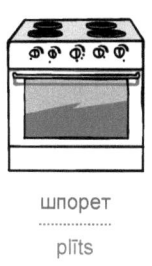

шпорет

plīts

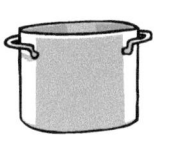

лонац

pods

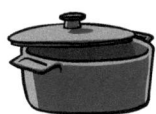

гвоздени лонац

katls

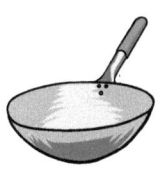

вок / кадаи

Wok panna

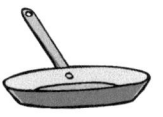

тава

panna

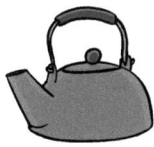

кувало за воду

elektriskā tējkanna

кувало на пару

tvaika katls

лим за печење

cepešpanna

посуђе

trauki

чаша

krūze

посуда

bļoda

штапићи за јело

irbulīši

кутлача

kauss

лопатица

lāpstiņa

пењача

putošanas slotiņa

сито за кување

sietiņš

сито

siets

рибеж

rīve

мужар

piesta

роштиљ

grilēt

огњиште

atklāts pavards

даска
dēlis

оклагија
mīklas rullis

вадичеп
korķu viļķis

конзерва
bundža

отварач конзерви
konservu nazis

крпа за лонац
virtuves cimdi

судопер
izlietne

четка
birste

сунђер
sūklis

миксер
mikseris

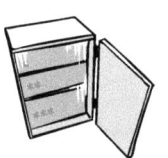

замрзивач
saldētava

флашица за бебе
bērna pudelīte

славина за воду
ūdenskrāns

купаоница
vannas istaba

грејање
apkure
пешкир
dvielis
туш
duša
завеса за туш
dušas aizkari
пенушава купка
vannas putas
када
vanna
чаша
glāze
машина за прање веша
veļas mašīna
славина за воду
ūdenskrāns
плочице
flīzes
тута
podiņš
судопер
izlietne

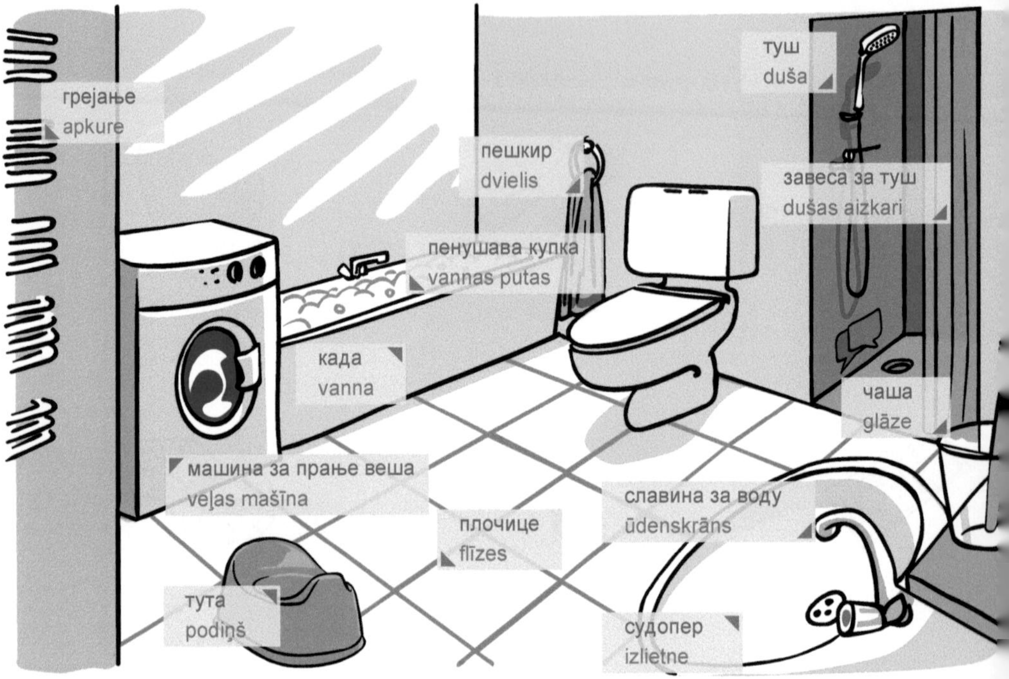

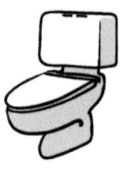

тоалет

tualetes pods

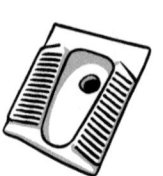

чучавац

Āzijas tipa tualete

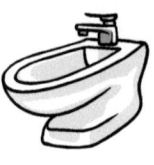

бидет

bidē

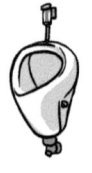

писоар

pisuārs

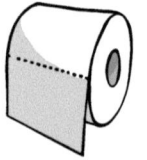

тоалетни папир

tualetes papīs

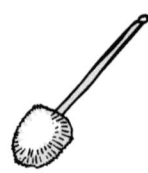

четка за тоалет

tualetes birste

четкица за зубе

zobu birste

паста за зубе

zobu pasta

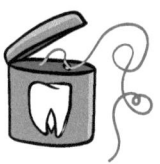

конац за зубе

zobu diegs

прати

mazgāt

туш ручица

rokas duša

туш за прање интимних делова

duša

лавор

bļoda

четка за прање леђа

muguras mazgāšanas birste

сапун

ziepes

гел за туширање

dušas želeja

шампон

šampūns

крпа за прање

mazgāšanas drāna

одвод

noteka

крема

krēms

дезодоранс

dezodorants

огледало

spogulis

козметичко огледало

spogulītis

бријач

skuveklis

пена за бријање

skūšanās putas

лосион за после бријања

losjons pēc skūšanās

чешаљ

ķemme

четка

matu suka

фен за косу

matu fēns

спреј за косу

matu laka

шминка

grima komplekts

руж за усне

lūpu krāsa

лак за нокте

nagulaka

вата

vate

маказе за нокте

šķērītes

парфем

smaržas

козметичка торбица

kosmētikas maks

столица

ķeblītis

вага

svari

огртач

halāts

рукавице за чишћење

tīrīšanas cimdi

тампон

tampons

уложак

pakete

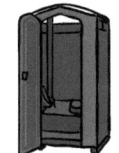

хемијски тоалет

ķīmiskā tualete

дечија соба
bērnu istaba

будилник
modinātājs
плишана играчка
mīkstā rotaļlieta
ауто играчка
spēļu automašīna
звечка
grabulis
кућица за лутке
leļļu māja
поклон
dāvana

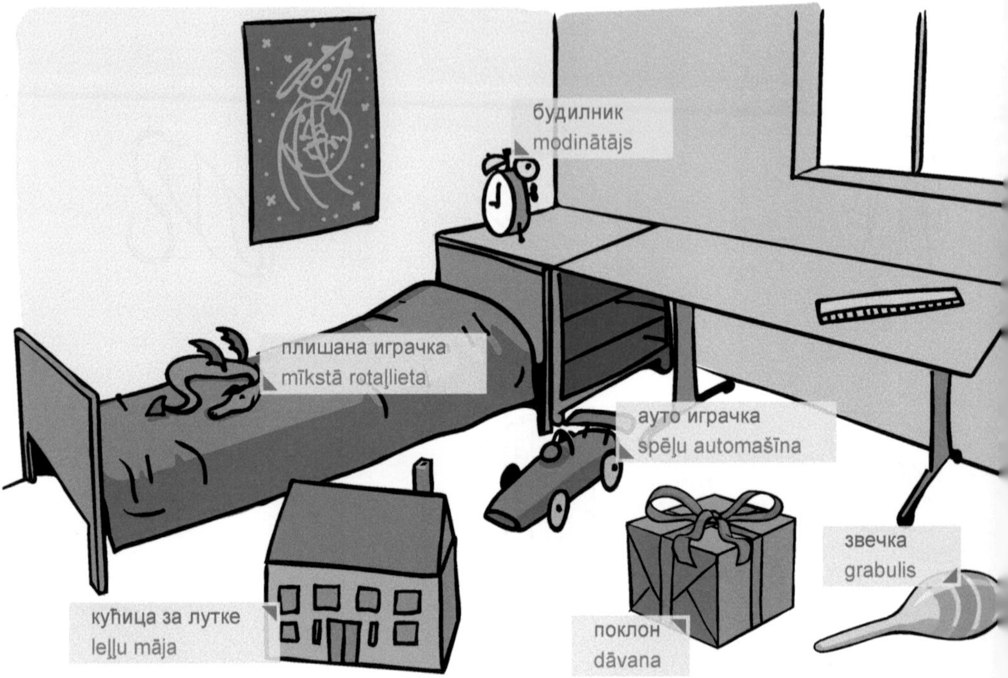

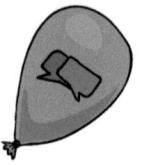

балон

balons

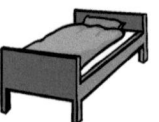

кревет

gulta

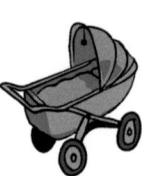

дјечија колица

bērnu ratiņi

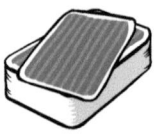

игра са картама

kārtis

слагалица

puzle

SUPER
MEGA

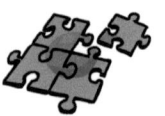

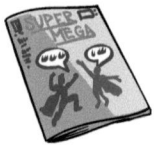

стрип

komikss

лего коцкице
LEGO klucīši

коцкице за слагање
klucīši

акциони јунак
varoņu figūra

бенкица за бебе
rāpulītis

фризби
lidojošais šķīvītis

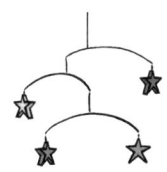

висеће играчке
muzikālais karuselis

друштвене игре
galda spēle

коцка
metamais kauliņš

минијатурна жељезница
rotaļu dzelzceļš

дуда
māneklis

забава
ballīte

сликовница
bilžu grāmata

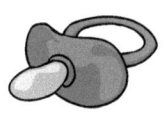

лопта
bumba

лутка
lelle

играти
spēlēt

пешчаник

smilšu kaste

љуљачка

šūpoles

играчка

rotaļlietas

конзола за игре

spēļu konsole

трицикл

trīsritenis

теди

plīša lācītis

ормар

drēbju skapis

одећа

apģērbs

кратке чарапе

īszeķes

чарапе

zeķes

хулахопке

zeķbikses

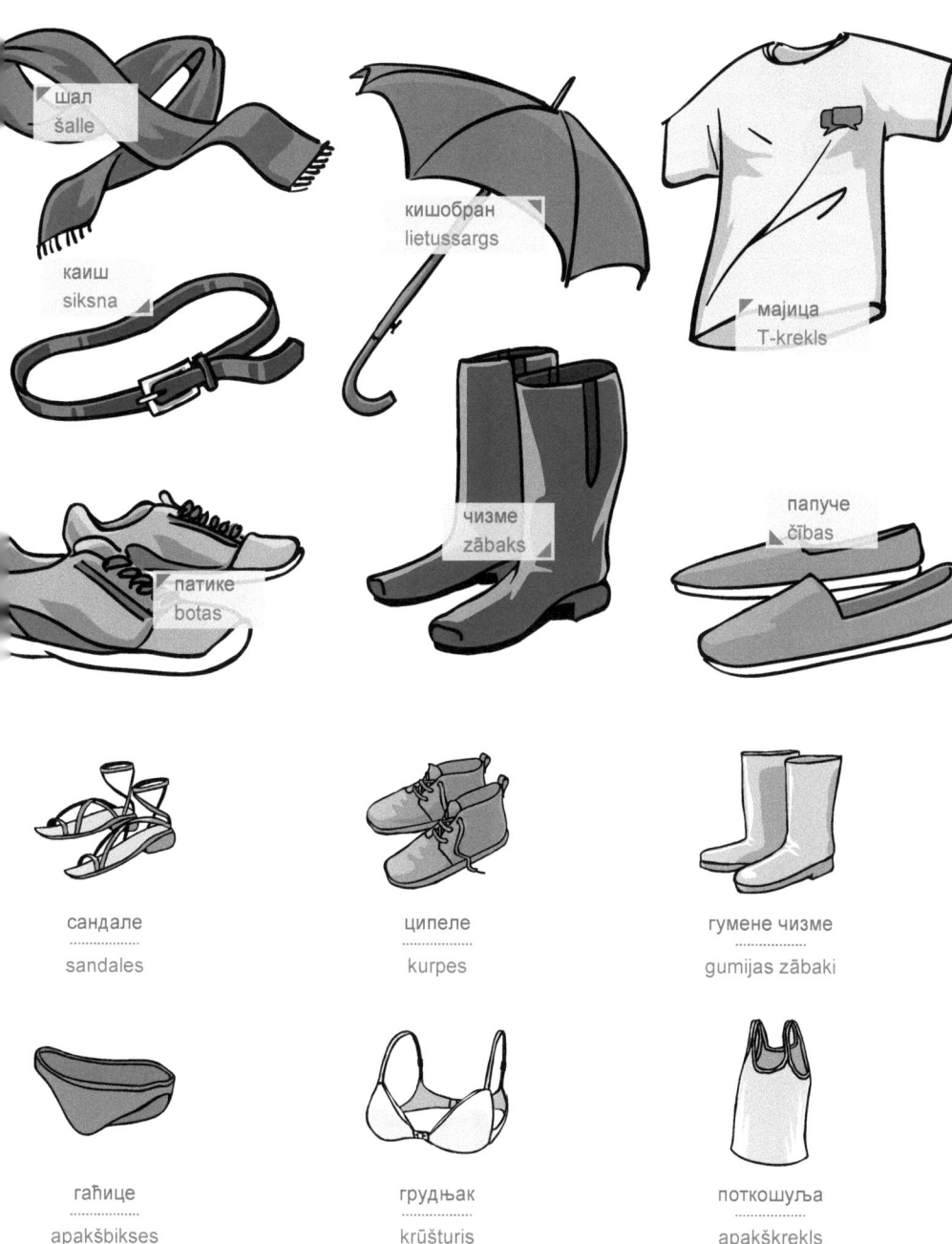

шал
šalle

каиш
siksna

кишобран
lietussargs

мајица
T-krekls

патике
botas

чизме
zābaks

папуче
čības

сандале
....
sandales

ципеле
....
kurpes

гумене чизме
....
gumijas zābaki

гаћице
....
apakšbikses

грудњак
....
krūšturis

поткошуља
....
apakškrekls

одећа - apģērbs   45

боди

bodijs

панталоне

bikses

фармерке

džinsi

сукња

svārki

блуза

blūze

кошуља

krekls

џемпер

pulovers

џемпер с капуљачом

džemperis

сако

žakete

јакна

jaka

мантил

mētelis

кабаница

lietus mētelis

костим

kostīms

хаљина

kleita

венчаница

kāzu kleita

одело
uzvalks

спаваћица
naktskrekls

пиџама
pidžama

сари
sari

марама за главу
lakats

турбан
turbāns

бурка
burka

кафтан
kaftāns

абаја
abaja

купаћи костим
peldkostīms

купаће гаћице
peldbikses

кратке панталоне
šorti

одећа за тренинг
treniņtērps

кецеља
priekšauts

рукавице
cimdi

дугме

poga

наочаре

brilles

наруквица

rokassprādze

огрлица

kaklarota

прстен

gredzens

наушница

auskars

капа

cepure

вешалица

drēbju pakaramais

шешир

platmale

кравата

kaklasaite

патент затварач

rāvējslēdzējs

кацига

ķivere

нараменице

bikšturi

школска униформа

skolas forma

униформа

uniforma

подбрадак

priekšautiņš

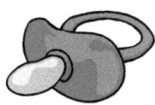

дуда

māneklis

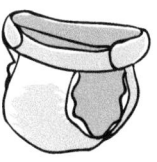

пелена

autiņbiksītes

канцеларија
birojs

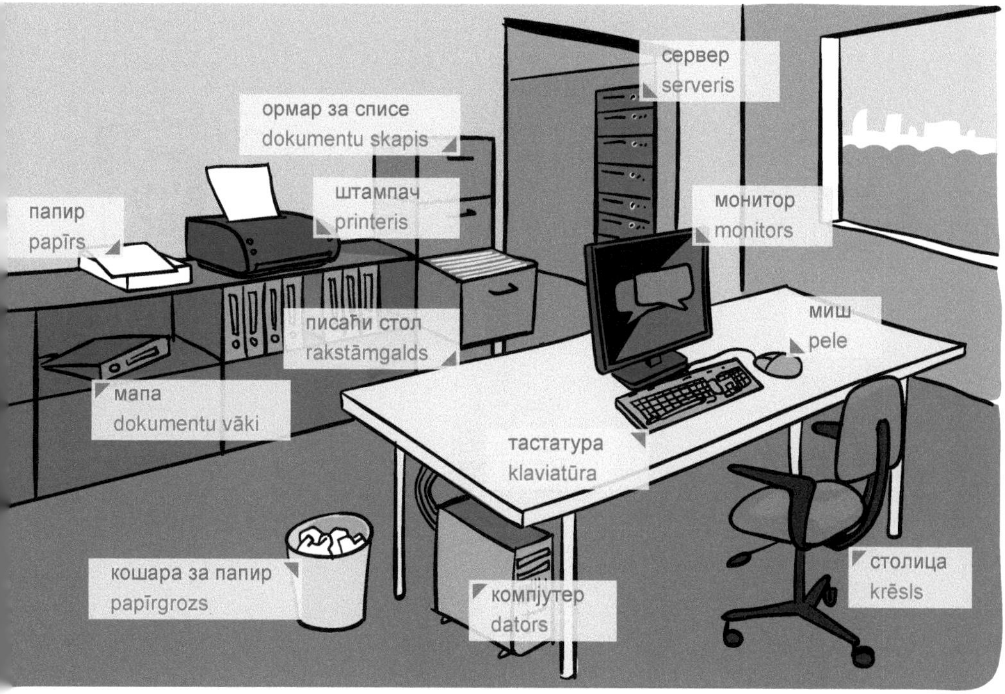

сервер
serveris

ормар за списе
dokumentu skapis

штампач
printeris

папир
papīrs

монитор
monitors

писаћи сто
rakstāmgalds

миш
pele

мапа
dokumentu vāki

тастатура
klaviatūra

кошара за папир
papīrgrozs

столица
krēsls

компјутер
dators

шалица за каву

kafijas krūze

калкулатор

kalkulators

интернет

internets

лаптоп

portatīvais dators

писмо

vēstule

порука

ziņa

мобилни телефон

mobilais tālrunis

мрежа

tīkls

уређај за копирање

kopētājs

софтвер

programmatūra

телефон

telefons

утичница

rozete

факс

faksa aparāts

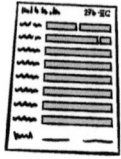

формулар

formulārs

документ

dokuments

економија
ekonomika

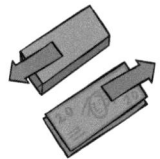

куповати
pirkt

платити
samaksāt

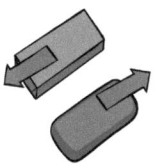

трговати
tirgot

новац
nauda

долар
dolārs

евро
eiro

јен
jēna

рубља
rublis

швајцарски франак
franks

ренминдби јуан
juaṇa renminbi

рупија
rūpija

аутомат за новац
bankomāts

мењачница

valūtas maiņas punkts

злато

zelts

сребро

sudrabs

нафта

nafta

енергија

enerģija

цена

cena

уговор

līgums

порез

nodoklis

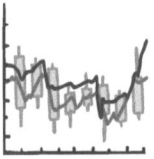

деонице

akcija

радити

strādāt

службеник

darbinieks

послодавац

darba devējs

фабрика

fabrika

продавница

veikals

економија - ekonomika

занимања
profesijas

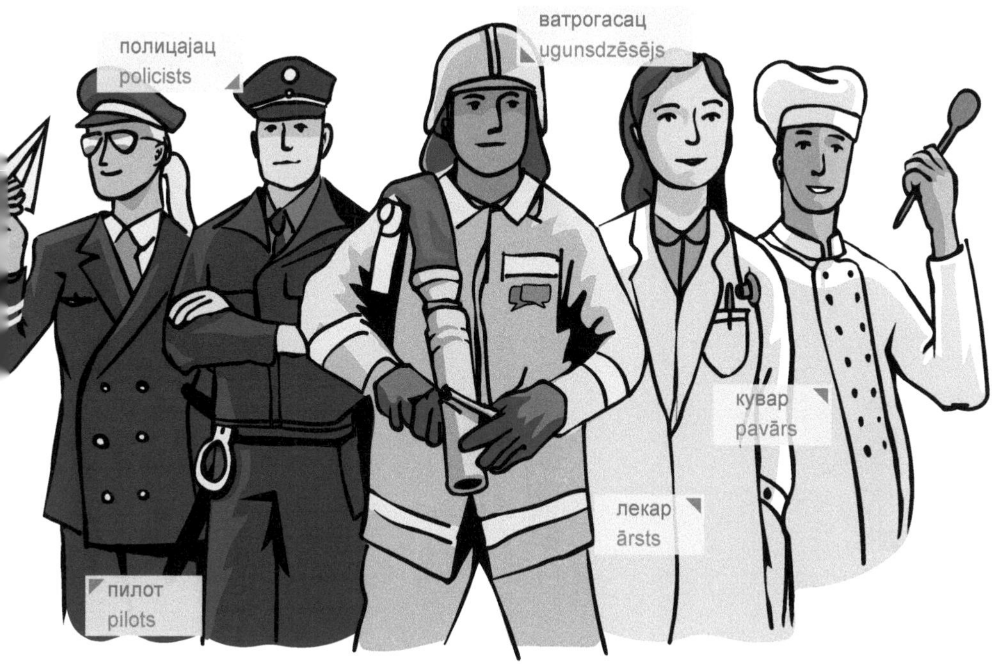
полицајац
policists
ватрогасац
ugunsdzēsējs
кувар
pavārs
лекар
ārsts
пилот
pilots

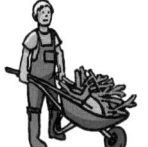

вртлар

dārznieks

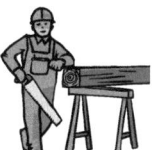

столар

galdnieks

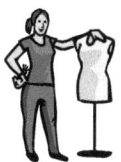

кројачица

šuvēja

судија

tiesnesis

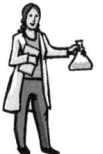

хемичар

ķīmiķis

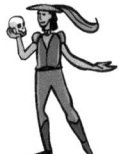

глумац

aktieris

возач аутобуса

autobusa vadītājs

возач таксија

taksometra vadītājs

рибар

zvejnieks

чистачица

apkopēja

кровопокривач

jumiķis

конобар

viesmīlis

ловац

mednieks

сликар

gleznotājs

пекар

maiznieks

електричар

elektriķis

грађевински радник

celtnieks

инжењер

inženieris

месар

miesnieks

лимар

skārdnieks

поштар

pastnieks

војник

karavīrs

архитекта

arhitekts

благајник

kasieris

цвећар

florists

фризер

frizieris

кондуктер

konduktors

механичар

mehāniķis

капетан

kapteinis

зубар

zobārsts

научник

zinātnieks

раби

rabīns

имам

imāms

монах

mūks

свећеник

mācītājs

алати
instrumenti

чекић
āmurs
клешта
knaibles
одвијач
skrūvgriezis
ципна лампа
kabatas luktur
кључ за завртње
uzgriežņu atslēga

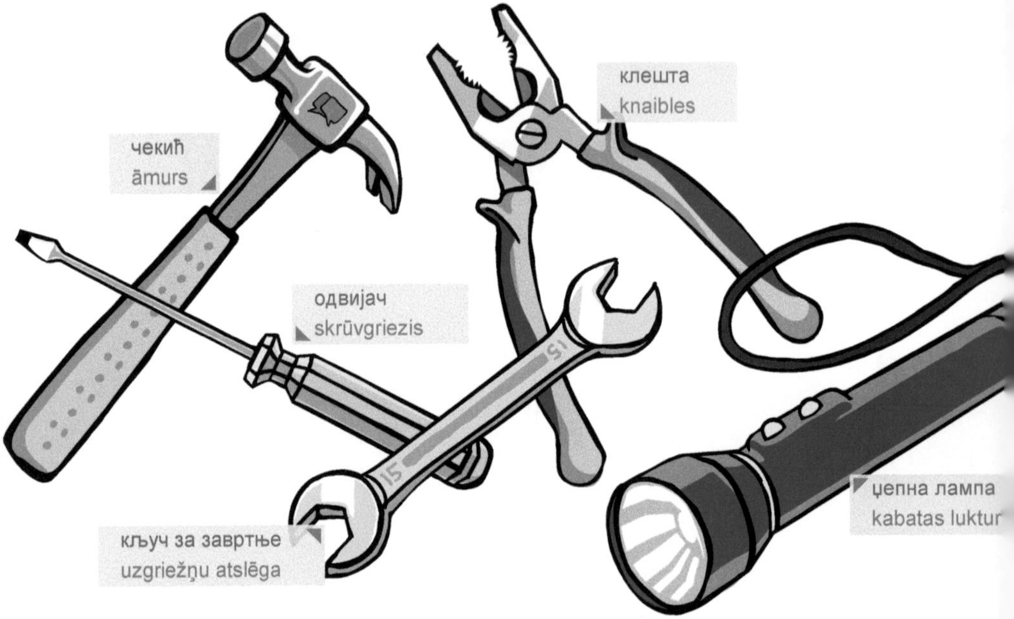

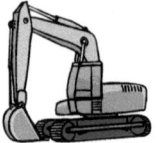

багер

ekskavators

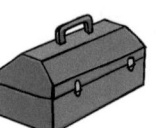

кутија за алат

instrumentu kaste

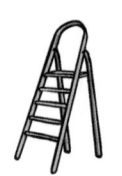

мердевине

kāpnes

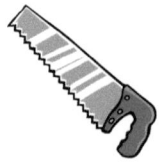

пила

zāģis

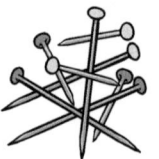

ексер

naglas

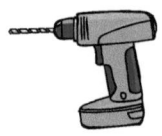

бушилица

urbis

поправити
remontēt

лопата
lāpsta

до ђавола!
Velns!

лопатица
liekšķere

лонац за боју
krāsas bundža

завртањи
skrūves

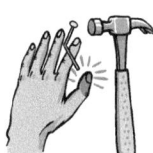

музички инструмент
mūzikas instrumenti

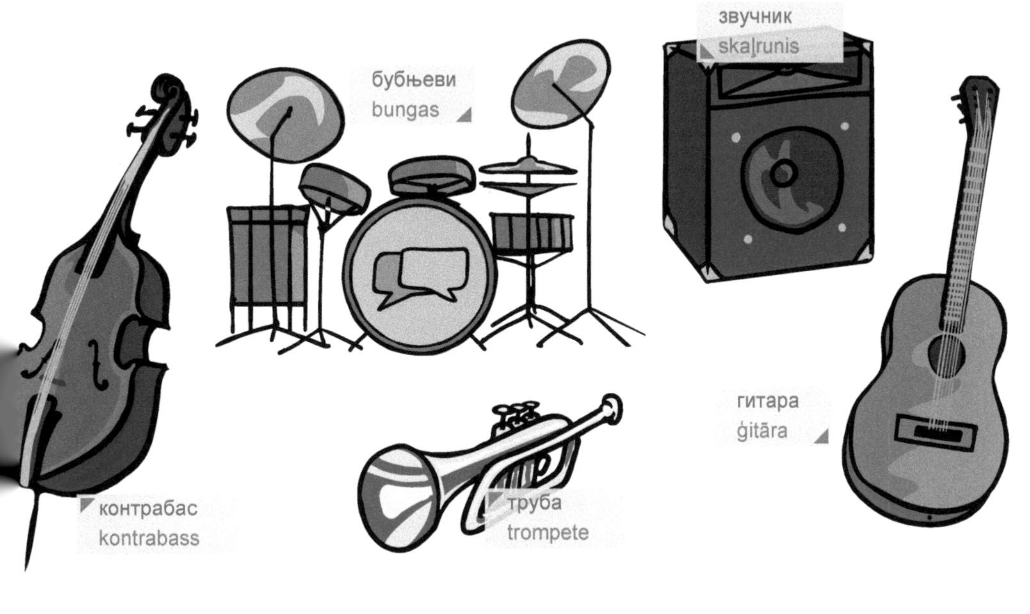

звучник
skaļrunis

бубњеви
bungas

гитара
ģitāra

контрабас
kontrabass

труба
trompete

клавир

klavieres

виолина

vijole

бас

bass

тимпани

timpāni

удараљке за бубњеве

bungas

типке клавира

digitālās klavieres

саксофон

saksofons

флаута

flauta

микрофон

mikrofons

зоолошки врт
zooloģiskais dārzs

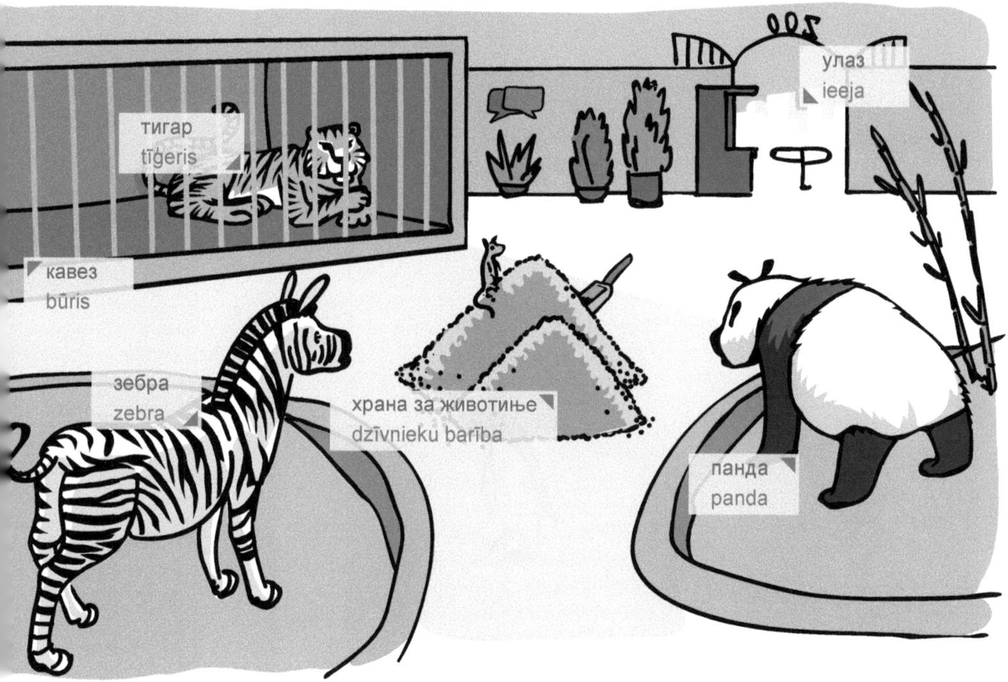

zoo
улаз
ieeja
тигар
tīģeris
кавез
būris
зебра
zebra
храна за животиње
dzīvnieku barība
панда
panda

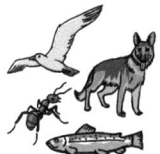

животиње
dzīvnieki

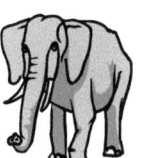

слон
zilonis

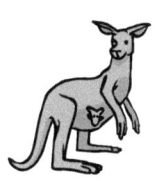

кенгур
ķengurs

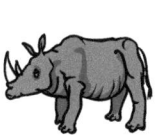

носорог
degunradzis

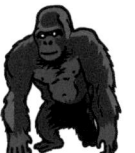

горила
gorilla

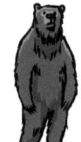

медвед
lācis

камила
kamielis

ној
strauss

лав
lauva

мајмун
pērtiķis

фламинго
flamings

папагај
papagailis

поларни медвед
polārlācis

пингвин
pingvīns

ајкула
haizivs

паун
pāvs

змија
čūska

крокодил
krokodils

чувар у зоолошком врту
zoodārza sargs

туљан
ronis

јагуар
jaguārs

пони

ponijs

леопард

leopards

нилски коњ

nīlzirgs

жирафа

žirafe

орао

ērglis

дивља свиња

meža cūka

риба

zivs

корњача

bruņurupucis

морж

valzirgs

лисица

lapsa

газела

gazele

американски ногомет
amerikāņu futbols

бициклизам
riteņbraukšana

тенис
teniss

кошарка
basketbols

пливање
peldēšana

бокс
bokss

хокеј на леду
hokejs

фудбал
futbols

бадминтон
badmintons

атлетика
vieglatlētika

рукомет
rokas bumba

скијање
slēpošana

поло
polo

скочити
lēkt

смејати се
smieties

загрлити
apskaut

певати
dziedāt

ићи
iet

молити се
lūgt

пољубити
skūpstīt

сањати
sapņot

писати
rakstīt

цртати
zīmēt

показати
rādīt

гурати
spiest

дати
dot

узети
ņemt

имати

бūт

чинити

darīt

бити

būt

стојати

stāvēt

трчати

skriet

повлачити

vilkt

бацити

mest

падати

krist

лежати

gulēt

чекати

gaidīt

носити

nest

седити

sēdēt

облачити

uzģērbt

спавати

gulēt

пробудити се

pamosties

гледати

skatīties

плакати

raudāt

миловати

glāstīt

чешљати

ķemmēt

говорити

runāt

разумети

saprast

питати

jautāt

слушати

dzirdēt

пити

dzert

јести

ēst

поспремити

sakārtot

волети

mīlēt

кухати

vārīt

возити

braukt

летети

lidot

пловити

burot

рачунати

rēķināt

читати

lasīt

учити

mācīties

радити

strādāt

венчати се

precēties

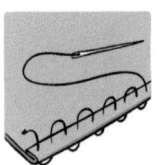

шити

šūt

прати зубе

tīrīt zobus

убити

nogalināt

пушити

smēķēt

послати

sūtīt

породица
ģimene

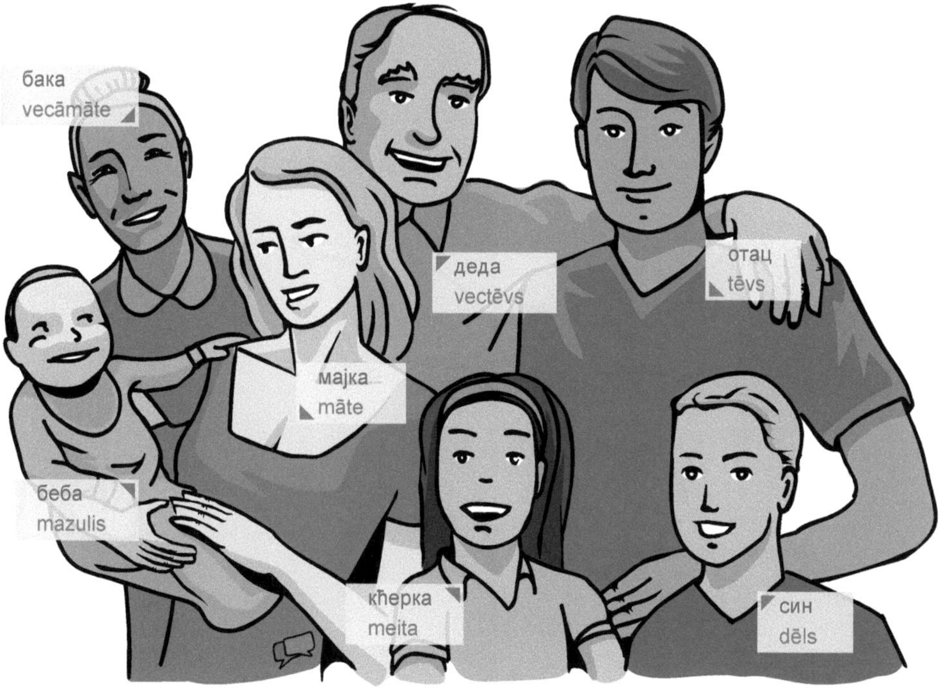
бака
vecāmāte
деда
vectēvs
отац
tēvs
мајка
māte
беба
mazulis
ћерка
meita
син
dēls

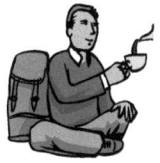

гост

viesis

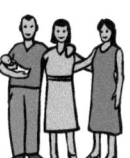

тетка

tante

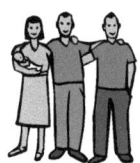

ујак, стриц

onkulis

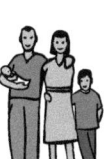

брат

brālis

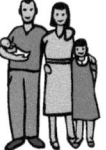

сестра

māsa

тело
ķermenis

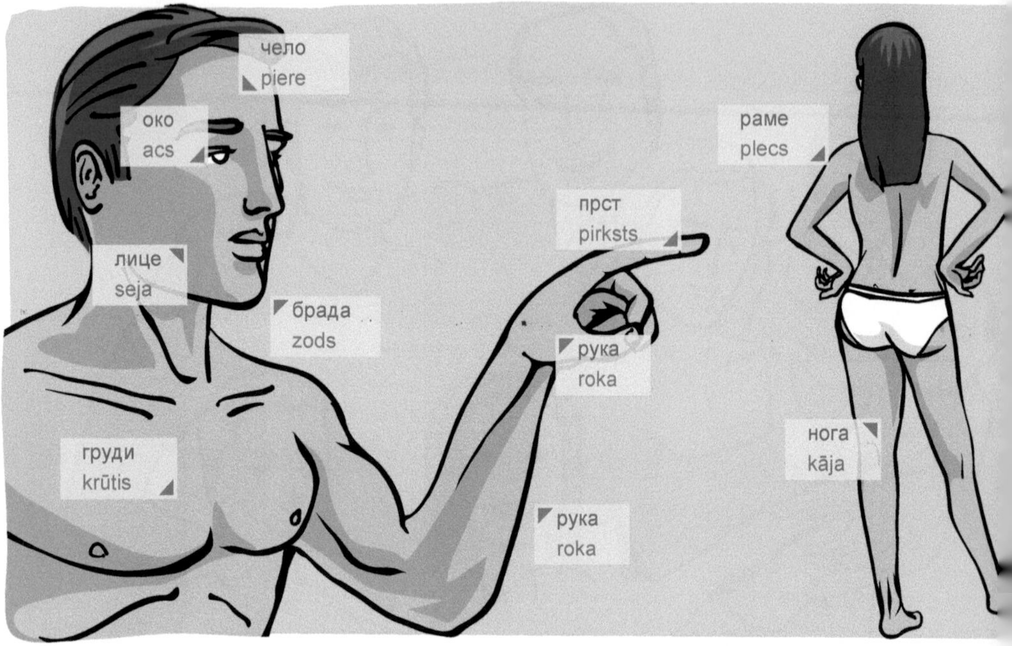

чело
piere

око
acs

раме
plecs

прст
pirksts

лице
seja

брада
zods

рука
roka

груди
krūtis

нога
kāja

рука
roka

беба
mazulis

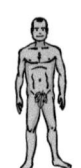
мушкарац
vīrietis

жена
sieviete

девојчица
meitene

дечак
zēns

глава
galva

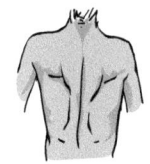

леђа

mugura

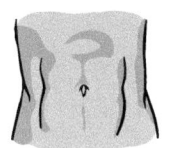

стомак

vēders

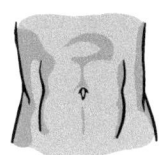

пупак

naba

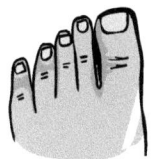

ножни прст

kājas pirksts

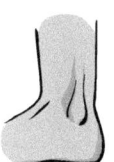

пета

papēdis

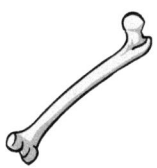

кост

kauls

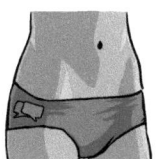

кукови

gurns

колено

celis

лакат

elkonis

нос

deguns

задњица

dibens

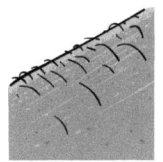

кожа

āda

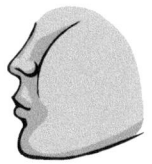

образ

vaigs

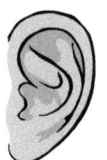

уво

auss

усна

lūpa

уста
mute

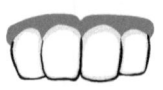

зуб
zobs

језик
mēle

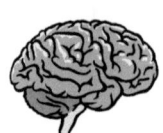

мозак
smadzenes

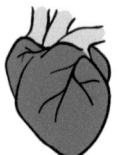

срце
sirds

мишић
muskulis

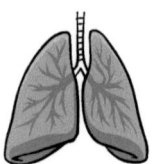

плућа
plaušas

јетра
aknas

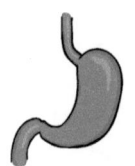

желудац
kuŋģis

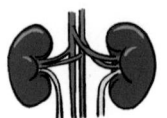

бубрези
nieres

полни однос
dzimumakts

кондом
kondoms

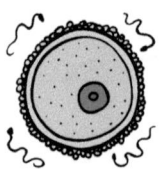

јајна ћелија
olšūna

сперма
sperma

трудноћа
grūtniecība

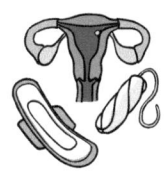

менструација
....
menstruācijas

вагина
....
vagīna

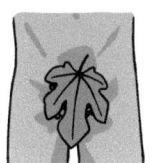

пенис
....
penis

обрва
....
uzacs

коса
....
mati

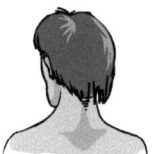

врат
....
kakls

болница
slimnīca

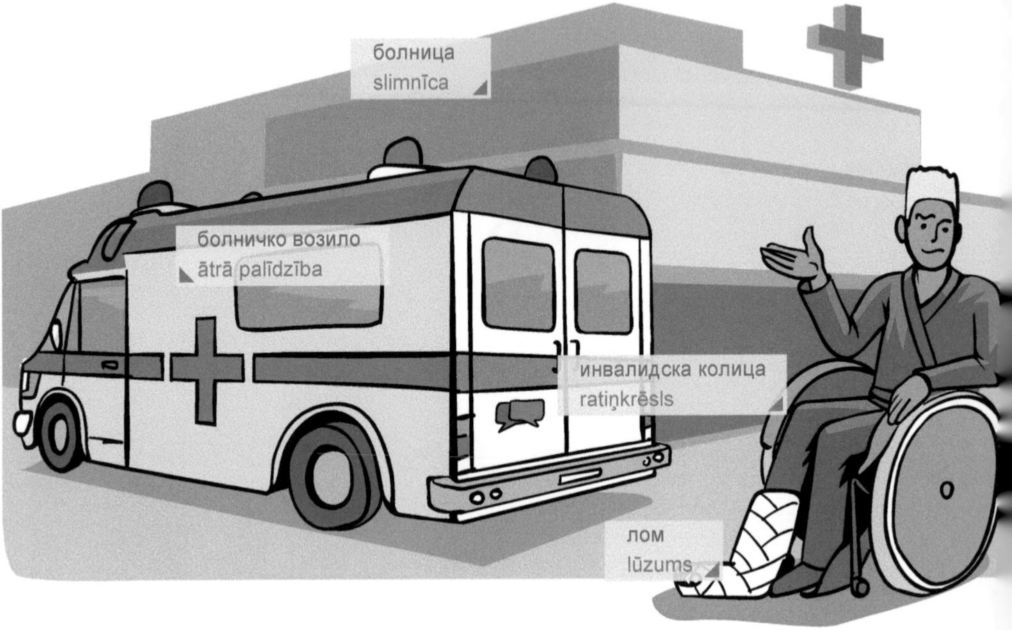

болница
slimnīca
болничко возило
ātrā palīdzība
инвалидска колица
ratiņkrēsls
лом
lūzums

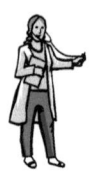

лекар
ārsts

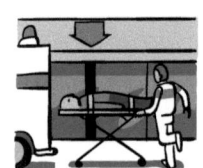

хитна медицинска служба
neatliekamās palīdzības nodaļa

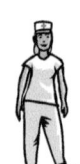

медицинска сестра
medmāsa

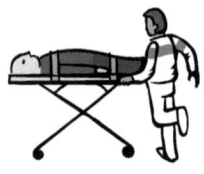

хитни случај
ārkārtas gadījums

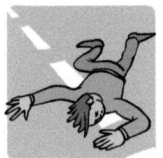

несвест
paģībis

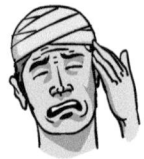

бол
sāpes

повреда

ievainojums

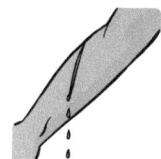

крварење

asiņošana

срчани удар

sirdslēkme

удар

insults

алергија

alerģija

кашаљ

klepus

грозница

temperatūra

грипа

gripa

пролив

caureja

главобоља

galvassāpes

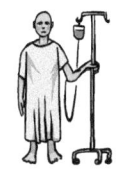

рак

vēzis

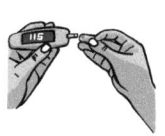

дијабетес

diabēts

хирург

ķirurgs

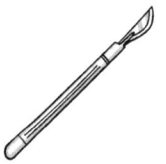

скалпел

skalpelis

операција

operācija

цт

datortomogrāfija

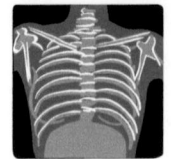

рентген

rentgents

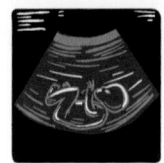

ултразвук

ultraskaņa

маска

sejas maska

болест

slimība

чекаона

uzgaidāmā telpa

штака

kruķis

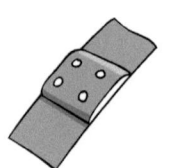

фластер

plāksteris

завој

apsējs

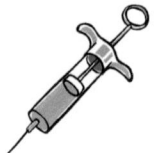

ињекција

injekcija

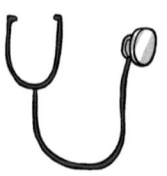

стетоскоп

stetoskops

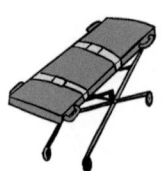

носила

nestuves

термометар

termometrs

рођење

dzemdības

прекомерна тежина

liekais svars

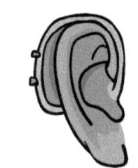

слушни апарат

dzirdes aparāts

средство за дезинфекцију

dezinfekcijas līdzeklis

инфекција

infekcija

вирус

vīruss

хив / аидс

HIV / AIDS

медицина

zāles

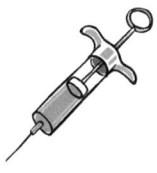

вакцинација

pote

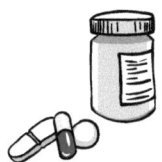

таблете

tabletes

пилула

pretapaugļošanās tablete

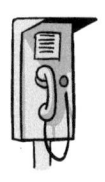

хитни позив

ārkārtas izsaukums

уређај за мерење притиска

asinsspiediena mērītājs

болесно / здраво

slims / vesels

помоћ!

Palīgā!

аларм

trauksme

насртај

uzbrukums

напад

uzbrukums

опасност

bīstamība

излаз у случају нужде

avārijas izeja

пожар!

Uguns!

противпожарни апарат

ugunsdzēšamais aparāts

незгоца

negadījums

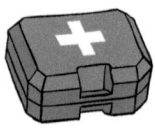

кутија прве помоћи

pirmās palīdzības aptieciņa

сос

SOS

полиција

policija

Европа

Eiropa

Северна Америка

Ziemeļamerika

Јужна Америка

Dienvidamerika

Африка

Āfrika

Азија

Āzija

Аустралија

Austrālija

Атлантик

Atlantijas okeāns

Пацифик

Klusais okeāns

Индијски океан

Indijas okeāns

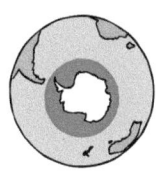

Антарктички океан

Dienvidu okeāns

Арктички океан

Ziemeļu ledus okeāns

Северни рол

Ziemeļpols

Јужни рол

Dienvidpols

Антарктик

Antarktika

земља

zeme

земља

zeme

море

jūra

оток

sala

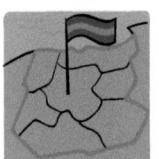

нација

nācija

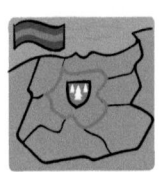

држава

valsts

бројчаник сата

ciparnīca

сатна казаљка

stundu rādītājs

минутна казаљка

minūšu rādītājs

секундна казаљка

sekunžu rādītājs

Колико је сати?

Cik ir pulkstenis?

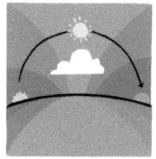

дан

diena

време

laiks

сада

tagad

дигитални сат

digitālais pulkstenis

минута

minūte

час

stunda

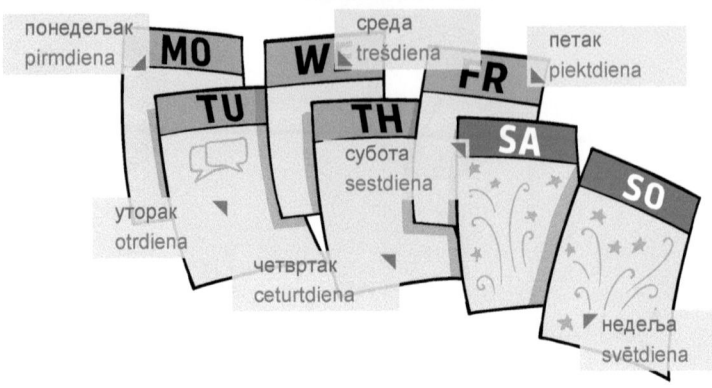

понедељак
pirmdiena

среда
trešdiena

петак
piektdiena

уторак
otrdiena

субота
sestdiena

четвртак
ceturtdiena

недеља
svētdiena

јуче
vakardien

данас
šodien

сутра
rītdien

јутро
rīts

подне
pusdienlaiks

вече
vakars

MO	TU	WE	TH	FR	SA	SU
1	2	3	4	5	6	7
8	9	10	11	12	13	14
15	16	17	18	19	20	21
22	23	24	25	26	27	28
29	30	31	1	2	3	4

радни дани
darbadienas

MO	TU	WE	TH	FR	SA	SU
1	2	3	4	5	6	7
8	9	10	11	12	13	14
15	16	17	18	19	20	21
22	23	24	25	26	27	28
29	30	31	1	2	3	4

викенд
brīvdienas

година
gads

дуга
varavīksne
киша
lietus
снег
sniegs
ветар
vējš
пролеће
pavasaris
јесен
rudens
лето
vasara
зима
ziema

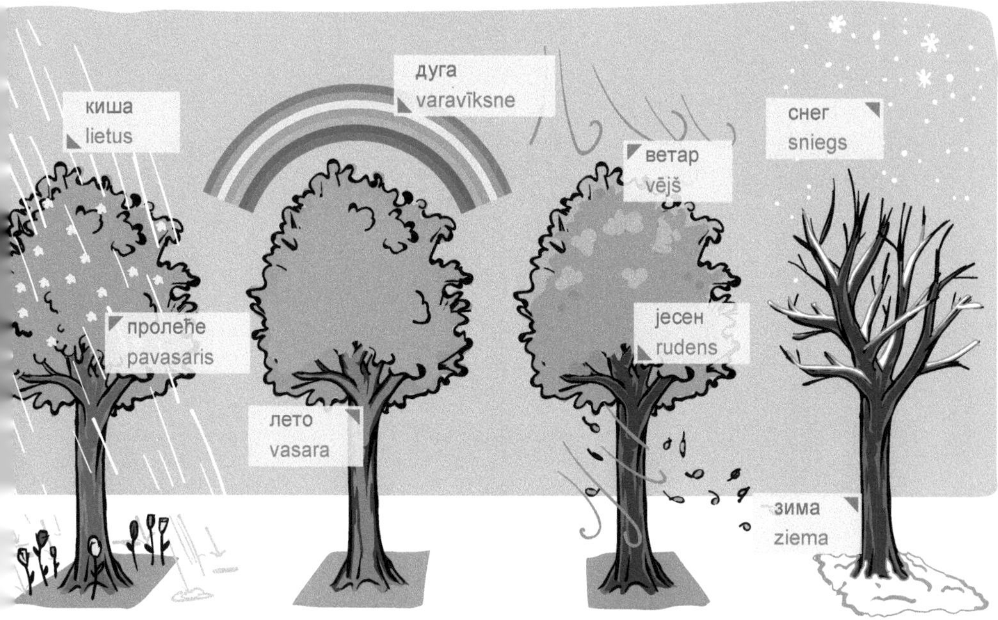

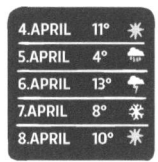

4.APRIL 11°
5.APRIL 4°
6.APRIL 13°
7.APRIL 8°
8.APRIL 10°

теоролошка прогноза

laika prognoze

F
C
120
90
60
30
0
-30
40
30
20
10
0
-10
-20

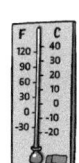

термометар

termometrs

сунчана светлост

saules gaisma

облак

mākonis

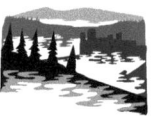

магла

migla

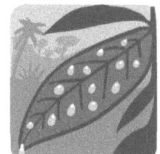

влажност ваздуха

gaisa mitrums

муња

zibens

грмљавина

pērkons

олуја

vētra

туча

krusa

монсун

musons

поплава

plūdi

лед

ledus

јануар

janvāris

фебруар

februāris

март

marts

април

aprīlis

мај

maijs

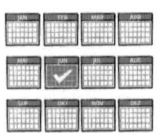

јуни

jūnijs

јули

jūlijs

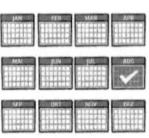

август

augusts

септембар
....
septembris

октобар
....
oktobris

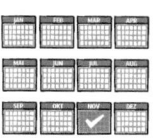

новембар
....
novembris

децембар
....
decembris

круг
....
aplis

квадрат
....
kvadrāts

правоугао
....
četrstūris

троугао
....
trīsstūris

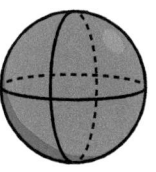

кугла
....
lode

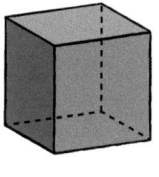

коцка
....
kubs

бела

balts

жута

dzeltens

наранџаста

oranžs

ружичаста

sārts

црвена

sarkans

љубичаста

lillā

плава

zils

зелена

zaļš

смеђа

brūns

сива

pelēks

црна

melns

много / мало
daudz / maz

љутито / мирно
saniknots / miermīlīgs

лепо / ружно
skaists / neglīts

почетак / крај
sākums / beigas

велико / малено
liels / mazs

светло / тамно
gaišs / tumšs

брат / сестра
brālis / māsa

чисто / прљаво
tīrs / netīrs

потпуно / непотпуно
pilnīgs / nepilnīgs

дан / ноћ
diena / nakts

мртво / живо
miris / dzīvs

широко / уско
plats / šaurs

јестиво / нејестиво

baudāms / nebaudāms

зло / добро

nikns / laipns

узбуђено / досадно

satraukts / garlaikots

дебело / мршаво

resns / tievs

на почетку / на крају

pirmais /pēdējais

пријатељ / непријатељ

draugs / ienaidnieks

пуно / празно

pilns / tukšs

тврдо / мекано

ciets / mīksts

тешко / лагано

smags / viegls

глад / жеђ

izsalkums / slāpes

болесно / здраво

slims / vesels

илегално / легално

nelegāls / legāls

паметно / глупо

inteliģents / dumjš

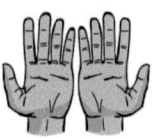

лево / десно

kreisais / labais

близу / далеко

tuvu / tālu

ново / половно

jauns / lietots

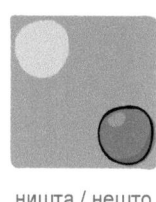

ништа / нешто

nekas / kaut kas

старо / младо

vecs / jauns

кључено / искључено

ieslēgts / izslēgts

отворено / затворено

atvērts / slēgts

тихо / гласно

kluss / skaļš

богато / сиромашно

bagāts / nabags

тачно / погрешно

pareizi / nepareizi

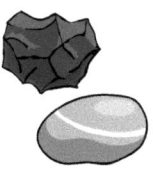

храпаво / глатко

raupjš / gluds

тужно / сретно

noskumis / laimīgs

кратко / дуго

īss / garš

полако / брзо

lēns / ātrs

мокро / сухо

slapjš / sauss

топло / хладно

silts / vēss

рат / мир

karš / miers

супротности - pretstati

0	**1**	**2**
нула	један	два
nulle	viens	divi
3	**4**	**5**
три	четири	пет
trīs	četri	pieci
6	**7**	**8**
шест	седам	осам
seši	septiņi	astoņi
9	**10**	**11**
девет	десет	једанаест
deviņi	desmit	vienpadsmit

12	**13**	**14**
дванаест	тринаест	четрнаест
divpadsmit	trīspadsmit	četrpadsmit
15	**16**	**17**
петнаест	шестнаест	седамнаест
piecpadsmit	sešpadsmit	septiņpadsmit
18	**19**	**20**
осамнаест	деветнаест	двадесет
astoņpadsmit	deviņpadsmit	divdesmit
100	**1.000**	**1.000.000**
стотину	хиљаду	милион
simts	tūkstotis	miljons

енглески

angļu

амерички енглески

amerikāņu angļu

мандарински кинески

ķīniešu mandarīnu valoda

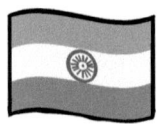

хиндски

hindi

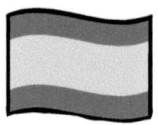

шпански

spāņu

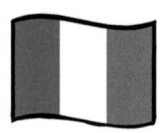

француски

franču

арапски

arābu

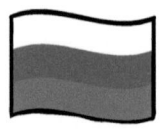

руски

krievu

португалски

portugāļu

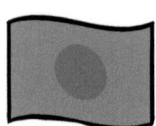

бенгалски

bengāļu

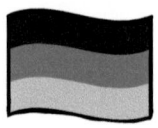

немачки

vācu

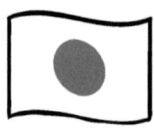

јапански

japāņu

ja
es

ти
tu

он / она / оно
viņš / viņa

ми
mēs

ви
jūs

они
viņi / viņas

Ко?
kas?

Шта?
ko?

Како?
kā?

Где?
kur?

Када?
kad?

име
vārds

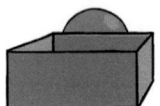

иза

aiz

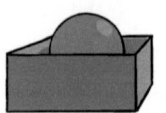

у

iekšā

испред

priekšā

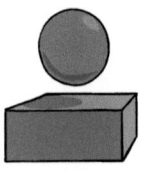

преко

virs

на

uz

испод

zem

поред

blakus

између

starp

место

vieta